L27n
22947

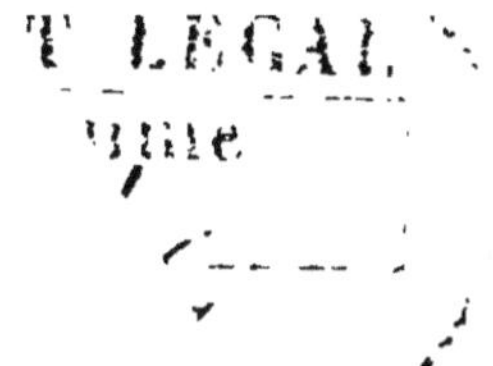

NOTICE

SUR LE

PÈRE CHARLES DUBOIS

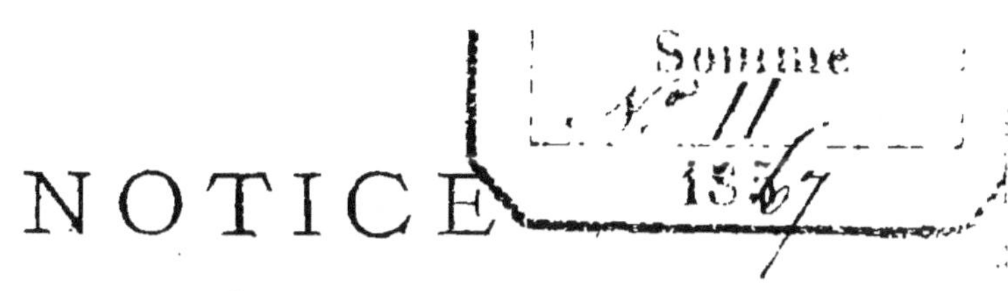

NOTICE

SUR LE

PÈRE CHARLES DUBOIS

DE LA COMPAGNIE DE JÉSUS

BIBLIOTHÈQUE IMPÉRIALE

Par le Père Achille Guidée

DE LA MÊME COMPAGNIE

AMIENS

TYPOGRAPHIE LAMBERT-CARON

Imprimeur-Libraire de Mgr. l'Évêque

PLACE DU GRAND-MARCHÉ

1867

NOTICE

SUR LE

PÈRE CHARLES DUBOIS

I

Charles Joseph Dubois naquit en 1829 à Mons en Hainaut, la veille de la fête de l'Assomption : la Sainte-Vierge, dont il devait être un des enfants privilégiés, semble avoir voulu lui donner, dès son entrée dans la vie, un gage de bienveillance particulière.

Sa première enfance se passa dans la maison paternelle, au sein d'une famille honorable, chez qui la pratique de la piété et des vertus chrétiennes se transmet comme l'héritage le plus précieux. Ses parents ne se souviennent pas de lui avoir jamais reproché une faute tant soit peu grave. On le citait pour son obéissance, et ses jeunes camarades remarquaient, non sans quelque étonnement, que l'ardeur même du jeu ne lui faisait oublier aucune des prescriptions de sa mère. Ses manières douces et cordiales lui conciliaient l'affection de tous ceux qui l'entouraient. La pureté de ses traits, reflet de l'innocence de son âme, frappait tous les regards, et il arriva qu'un peintre, voulant représenter l'ange qui apporta la sainte communion à saint Stanislas Kostka, crut ne pouvoir mieux faire que de le prendre pour modèle.

Après avoir été initié aux éléments du latin par son grand-père, M. Dubois-Fournier, Charles entra, le 7 octobre 1840, au collége de Brugelette et fut admis en sixième.

Le collége de Brugelette, dont la création était due en grande partie aux démarches actives et intelligentes de M. Dubois-Fournier (1), jouissait d'une réputation méritée,

(1) Voir Notice sur M. Henri Joseph Dubois-Fournier, par le Père A. Guidée. Amiens, 1860. Typographie de Caron et Lambert.

grâce à la piété, au bon esprit et aux solides études, qui le recommandaient à la confiance des familles chrétiennes. Charles eut pour condisciples deux de ses oncles, Paul et Léon, qui, comme lui, entrèrent plus tard dans la Compagnie de Jésus.

Le 20 mai 1841 il eut le bonheur de faire sa première communion, et dix jours après il reçut le sacrement de confirmation. Le 3 mai il écrivait à ses parents : « Le jour n'est pas » éloigné, très-chers parents, où je pourrai » en votre présence approcher de la table » sainte. Je ne cesse d'offrir tous les jours » mes actions au Seigneur, et j'espère que, » avec le secours de sa grâce, je pourrai en » approcher saintement. Nous prenons ici des » résolutions chaque jour ; nous les écrivons » et nous les relisons souvent. J'espère que, » restant fidèle à cette pratique, je pourrai » obtenir de grandes grâces. J'espère aussi, » chers parents, que vous me pardonnerez » toutes les fautes que j'ai pu commettre en- » vers vous, et que vous m'accorderez votre » sainte bénédiction. »

Les années suivantes Charles ne cessa de

profiter des grâces que Dieu lui prodiguait. Une retraite à laquelle il assista au mois de novembre 1843, fit sur lui une impression profonde. Voici comment, dans une lettre adressée à ses parents, il rendait compte de ses dispositions : « Cette fameuse retraite est donc terminée. Je me reproche de l'avoir tant redoutée d'abord ; car elle a produit son fruit et je suis tout changé. J'attribue cela à vos ferventes prières. De mon côté j'ai fait des efforts, j'ai pris des résolutions et j'ai prié. Je ne doute pas que je ne ressente l'effet de cette retraite durant toute l'année : il me semble que tout doit aller bien par rapport à la piété et au travail. Je vous demande de prier de nouveau, afin de m'obtenir la persévérance sur ces deux points. »

Au milieu d'une jeunesse d'élite, Charles se distingua toujours par sa piété, sa douceur et sa régularité. Aussi obtint-il sans peine d'entrer dans la congrégation de la Sainte-Vierge : il prononça la consécration d'usage le 8 décembre 1845. Afin de conserver le précieux dépôt de la grâce, il participait fréquemment aux sacrements de pénitence et d'eucharistie, et durant les deux dernières années de ses études il s'approcha chaque semaine de la sainte table. Le temps des vacances, si souvent funeste aux jeunes gens, ne changeait rien aux habitudes de notre vertueux écolier. Il le passait partie à Mons dans la maison paternelle, partie à la campagne chez son grand-père avec ses oncles Paul et Léon. Les récréations étaient entremêlées de pratiques de dévotion. Tantôt on faisait une lecture de piété, tantôt on récitait le chapelet, soit en se promenant, soit dans une petite chapelle dédiée à la Sainte-Vierge. Parfois on proposait un pèlerinage à un sanctuaire voisin, ou une visite à un oncle, curé à Rombies près de Valenciennes.

Lorsque Charles eut terminé sa rhétorique, ses parents, qui le destinaient au commerce, songèrent à l'envoyer en Allemagne, pour y apprendre une langue dont la connaissance devait lui être utile ; mais pendant les vacances il demanda instamment et obtint de faire une année de philosophie.

Peu de temps après la rentrée des classes il écrivait à ses parents : « Si je suis attaché au collége de Brugelette, et si je redoute le moment où je devrai le quitter, d'un autre côté, mes chers parents, ce n'est pas sans une joie véritable que je vois approcher le jour où il me sera enfin donné d'alléger vos peines et vos travaux, par un dévouement sans bornes et par un amour que mes œuvres vous prouveront. »

C'est pendant cette année que Charles sentit naître en lui la vocation à la Compagnie de Jésus. Il confia son projet à son confesseur, puis à ses parents, qui, le trouvant bien jeune pour une telle détermination, l'engagèrent à la mûrir davantage. Nous voyons par sa correspondance combien cette pensée le préoccupait, et quelle heureuse influence elle exerçait sur sa conduite et sur ses études.

Pendant les vacances de 1847, Charles fit un voyage de plusieurs semaines sur les bords de la Meuse, de la Moselle et du Rhin, avec un de ses frères et ses oncles Paul et Léon : un parent plus âgé les accompagnait. Malgré les distractions et les fatigues, nos jeunes voyageurs furent fidèles à la résolution qu'ils avaient prise, de se confesser et de communier tous les huit jours. Ils eurent pour cela plus d'une difficulté à vaincre. Ainsi, à Trèves, ils parcoururent toutes les églises de la ville avant de trouver un prêtre qui comprît le français. Un bon vieillard, auquel ils s'adressèrent enfin, ne put contenir son étonnement en voyant quatre français, de quatorze à dix-huit ans, interrompre leurs plaisirs pour chercher un confesseur.

La semaine suivante nouvel embarras. La halte du dimanche se fit dans un petit village, aux environs de Coblentz, et là il fallut se confesser en latin.

Lorsqu'on parcourt un album sur lequel Charles, pendant cette excursion, crayonna un certain nombre de croquis, on remarque que l'attrait du cœur le portait à dessiner de préférence des objets pieux, comme des chapelles, des madones, des croix plantées sur le bord des routes.

II

Dès le commencement des vacances, Charles avait témoigné un si vif désir de ne pas différer l'accomplissement de son dessein, qu'il avait obtenu l'agrément de ses religieux parents. Il put entrer le 2 octobre au noviciat de Saint-Acheul. En même temps son oncle Paul, qui avait annoncé à sa famille une semblable résolution, se rendit au noviciat de Vannes.

Charles va nous faire connaître les impressions qu'il ressentit au début de sa nouvelle carrière. Il écrivait à ses parents, au sujet de la retraite qui avait précédé son admission : « Cette retraite, d'un genre nouveau pour moi, me parut très-courte ; on me fit faire de longues méditations, et je vis croître l'estime de ma vocation. Jésus et Marie me montrèrent si clairement et avec tant d'amour le bonheur que l'on éprouve à se donner à Dieu, que je ne sais maintenant comment vous remercier assez du grand bien que vous m'avez procuré, en me permettant d'entrer au noviciat. Je sortis de retraite hier au soir, et vous pouvez penser si ce fut avec joie et reconnaissance que je pris la soutane et que j'allai me mêler à la communauté. Mon oncle Félix, qui arriva au moment où je venais de revêtir ce que nous appelons le deuil du monde, fut témoin de mon contentement. Il me semblait que je passais du purgatoire dans le paradis. Maintenant que je suis fixé dans ce genre de vie, veuillez remercier avec moi Jésus et Marie, qui ont daigné m'y admettre. Puissé-je de même obtenir la grâce de persévérer ! Je ne passerai pas un seul jour, vous n'en pouvez douter, sans songer à vous devant Dieu, à vous, chers parents, qui avez si généreusement et les premiers contribué à mon bonheur. »

Le maître des novices, le révérend Père Mallet, joignit cette courte apostille : « Je n'ajoute rien à la lettre du cher enfant ; elle vous dit tout. Réjouissez-vous d'avoir un tel fils à offrir au Seigneur. »

Quelques mois plus tard le jeune religieux écrivait encore :

« Je m'attache de jour en jour plus intimement à ma vocation, et Dieu sait que rien au monde ne pourrait me donner la tentation de l'abandonner. Dieu me montre de plus en plus, par les consolations et les lumières abondantes qu'il daigne m'envoyer, qu'il m'a lui-même appelé, et qu'il veut par conséquent me faire persévérer. Je commence aussi à éprouver combien est puissante la grâce de la vocation; car, en mille circonstances où je croirais devoir trouver un obstacle, j'agis comme si j'étais exercé depuis longtemps. Le temps me semble court, et en s'enfuyant il me pénètre de plus en plus du désir de me consacrer à Dieu plus intimement et pour jamais. »

Dix-huit mois s'étaient écoulés depuis l'entrée au noviciat. Voyant approcher le moment où il pourrait se lier par des vœux, Charles traçait ces lignes : « Avant six mois je pourrai, — je l'espère et ne puis en douter en songeant à la bonté de Dieu à mon égard, — je pourrai dire : Je suis jésuite ! Oh ! priez bien pour moi d'ici là : faites prier pour moi, je vous en conjure, afin que je me rende digne d'une si grande faveur ; afin que d'ici au 2 octobre, fervent et laborieux, j'accomplisse avec fidélité tout ce que l'on m'imposera pour me préparer à cet heureux moment où je pourrai me donner tout entier et pour toujours au service de Notre-Seigneur et de sa Compagnie. »

La santé de Charles était délicate. Au mois de mai 1849 ses supérieurs, espérant que l'air natal lui serait favorable, l'envoyèrent à Brugelette. Il y prononça ses vœux le 3 octobre, en même temps que le Père Paul. Ce ne fut pas une médiocre consolation pour les jeunes religieux, de contracter leurs premiers engagements en présence du très-révérend Père Roothaan, Général de la Compagnie de Jésus, que les événements avaient contraint de quitter Rome.

Après avoir suivi la seconde année du cours de philosophie, Charles enseigna durant cinq années les éléments de la langue latine, soit à Brugelette, soit à Amiens au collége de la Providence. Dans cet emploi il sut se concilier l'estime et l'affection de ses élèves par une politesse douce et simple, une aimable patience, et un zèle qui n'épargnait aucune peine pour procurer leur avancement dans les études et dans la piété. Au mois de mai 1856, la faiblesse de sa poitrine le força d'interrompre sa classe. Après quelque mois de repos il fut envoyé au séminaire de la Compagnie de Jésus à Laval, et il commença l'étude de la théologie morale, que sa mauvaise santé ne lui permit pas de continuer au-delà de dix-huit mois. Pendant ce temps il reçut les ordres mineurs, le sous-diaconat et le diaconat.

« J'ai eu le bonheur de recevoir le diaconat, écrivait-il à sa mère, et dimanche au salut j'eus l'insigne consolation de porter, pour la première fois de ma vie, le bon Dieu entre mes mains. Que dirai-je de cet heureux moment? J'avais d'avance préparé ma petite requête à votre sujet. Je demandai à Notre-Seigneur l'accomplissement de tous les désirs que vous formez en conformité avec ceux de son sacré cœur. »

C'est avec cet esprit de foi que Charles se préparait au sacerdoce. Lorsque l'époque objet de ses ardents désirs fut arrivée, le Provincial, se rappelant les souvenirs qu'il avait laissés au collége de la Providence, crut ne pouvoir mieux faire que de l'envoyer à Amiens. Il y fut ordonné prêtre le 29 mai 1858 par Mgr. Boudinet. Le lendemain il célébra sa première messe dans l'église du collége. Son oncle le Père Paul l'assistait, et ses deux frères Henri et Jules servaient à l'autel. C'était un spectacle touchant de voir réunis à la sainte table le père et la mère du nouveau prêtre, quatre sœurs, trois frères, quatre oncles, et un bon nombre d'amis, tous animés des sentiments de la plus sincère piété.

III

Peu de temps après, comme la santé du Père Charles inspirait d'assez sérieuses inquiétudes, ses supérieurs se décidèrent, de concert avec sa famille, à l'envoyer en Sicile. Il partit pour Palerme au mois d'octobre 1858, en compagnie du Père Louis Langlois.

Laissons-le raconter quelques circonstances de son voyage, dans une lettre écrite à son frère Louis, qui était alors élève du collége de la Providence.

« C'est de Palerme, de ce Palerme dont on me parlait depuis quatre mois, qu'il m'est donné de t'écrire pour te donner quelques détails sur notre voyage. Tu sais que j'aime les pèlerinages ; je ne manquerai donc pas de te signaler les sanctuaires que j'ai visités, ne fût-ce que pour contredire le proverbe : *Qui multum peregrinantur raro sanctificantur.*

« Nous partîmes de Paris le 29 octobre,

après avoir consacré notre voyage à l'honneur de Marie, en célébrant à son autel de Notre-Dame des Victoires, et nous arrivâmes le soir à Lyon. Le lendemain j'allai visiter Notre-Dame de Fourvière, et d'un coup d'œil, du haut de la montagne, je vis toute la ville, le Rhône, et la chaîne des Alpes dans le lointain. Le 31, à Marseille, ascension à Notre-Dame de la Garde, d'où il nous fut donné de jouir du magnifique spectacle de la Méditerranée....

« Nous nous embarquâmes le 1er novembre, et après trente-six heures de traversée nous abordâmes à Civita-Vecchia. Le 4 novembre, à onze heures, nous pouvions saluer le dôme de Saint-Pierre, et à midi nous entrions dans la ville éternelle, avec une certaine émotion, je t'assure... Le Père Assistant nous accueillit avec une grande bonté et nous présenta au très-révérend Père Général. Nous ne pouvions voir sans une religieuse impression tous ces Pères si vénérables du *Gesù*, et surtout celui qui est notre père par excellence.

« Après avoir été privé pendant trois jours de dire la messe, je fus heureux de célébrer le 5 dans la chambre où mourut ton saint patron, saint Louis de Gonzague : pouvais-je t'y oublier ? Le 6 je célébrai dans la chambre où saint Ignace travailla les Constitutions et dans laquelle il mourut ; le 7 sur le corps de saint Stanislas, au noviciat de Saint-André ; le 8 sur le corps de notre père saint Ignace. On s'accorde à regarder son autel comme le plus beau du monde ; mais j'avais bien autre chose à y voir que sa splendide décoration ; et en vérité je sens les larmes me venir aux yeux, quand je songe à tant de faveurs que j'ai reçues de Dieu.

« Le 9, je célébrai à Saint-Pierre, près du tombeau du Prince des apôtres, là où tant de millions de fidèles sont venus prier. Cent vingt-neuf lampes brûlent tous les jours et toutes les nuits devant ce célèbre monument..

« J'aurais un gros livre à écrire, si je voulais détailler tout ce que j'ai vu dans Rome de grand et de beau.... »

Le Père Dubois et son compagnon arrivèrent à Palerme dans les derniers jours de novembre 1858. Ils furent accueillis au collége de la Compagnie de Jésus avec une bienveillance et une charité qu'il est difficile d'exprimer. Le Père Charles, après qu'il eut satisfait aux convenances, se rendit à la chapelle et y demeura longtemps, demandant à Dieu par une instante prière de bénir son séjour dans cette maison.

Dès son arrivée il gagna tous les cœurs, et se fit estimer de tous par ses qualités aimables et par une vertu peu commune. On lira avec intérêt ce témoignage qu'un Père de Palerme transmit quelques années plus tard : « Avoir nommé le Père Dubois, c'est avoir nommé un homme respectueux, modeste, charitable, un modèle de régularité et de ferveur. C'était un bonheur pour lui de pouvoir se rendre utile aux autres ; il prévenait les désirs de ses frères et n'attendait pas, pour les obliger, qu'un service lui fût demandé. On ne l'entendit jamais relever un défaut ou une imperfection. Il était le consolateur de tous les malades ; il les visitait fréquemment, heureux de se mettre en toute circonstance à leur disposition. Ce charitable empressement était si connu que l'on avait coutume de dire : Pour devenir l'objet d'une affection particulière de la part du Père Dubois, il n'y a pas de moyen plus infaillible que d'être malade. Pendant les récréations, bien loin de rechercher la société de quelques français qui habitaient le collége, il se joignait de préférence aux Pères italiens, et balbutiait leur langue tant bien que mal avec une patience et une humilité que tous admiraient. Les Siciliens de leur côté aimaient à s'entretenir avec lui, et trouvaient à s'édifier dans sa conversation toujours pleine d'urbanité, d'égards et de piété.

« Sa régularité était exemplaire. Personne ne put jamais remarquer la plus légère infraction aux règles, ni même aux moindres coutumes de la maison. Qui se douterait, disait-on, que le Père Dubois n'appartient pas à la Province de Sicile? Afin d'arriver à temps aux exercices de la communauté, il sortait de sa cellule quelques minutes avant l'heure. Plusieurs Pères assurent qu'il ne demanda jamais à être dispensé d'aucune des règles ni d'aucun des usages de la communauté, quelque précaire que fût l'état de sa santé. Il voulut même jeûner tous les samedis, selon l'usage de la Province de Sicile, en l'honneur de l'Immaculée Conception de la Sainte-Vierge.

« Que dire de sa patience? Des douleurs souvent très-vives ne purent jamais lui arracher une plainte, ni répandre sur ses traits cette teinte de tristesse dont les malades ont tant de peine à se défendre. On le trouvait toujours le visage épanoui et le sourire sur les lèvres. Quand on lui demandait des nouvelles de sa santé, il répondait invariablement : Je vais bien, *io sto bene;* et si on lui témoignait de l'étonnement d'une pareille réponse, il répliquait : Je me porte bien, puisque je me porte comme il plaît à Dieu.

« Sa modestie était remarquée de tous, et l'on était frappé surtout de la sainte joie qui brillait toujours sur son visage. Les élèves du collége de Palerme se le montraient les uns aux autres, et avaient l'habitude de le désigner par cette périphrase : *le Père français qui tient les yeux baissés.* Quelques-uns l'appelaient le saint, *il santarello.*

« On jugera d'après cela quelle devait être son union avec Dieu. Plusieurs de ceux qui vécurent avec lui ne craignent pas d'affirmer que toutes les actions de la journée, dans leurs moindres détails, étaient sanctifiées par l'esprit de foi, de telle sorte que les plus petites choses grandissaient entre ses mains, grâce à la perfection avec laquelle il s'en acquittait. Les fêtes religieuses avaient pour lui un singulier attrait et lui procuraient de bien douces émotions ; mais c'est surtout pendant la célébration des saints mystères que sa piété se manifestait : aussi les élèves enviaient-ils l'honneur et le bonheur de lui servir la messe. »

Tel fut le Père Dubois pendant tout le temps de son séjour à Palerme. Estimé de ses supérieurs, il fut plusieurs fois proposé par eux à l'imitation des jeunes religieux.

Le changement de climat parut d'abord produire une influence salutaire, si l'on en juge par la lettre suivante : « Vous désirez sans doute que je vous dise un mot de mes occupations. Mon plus grand travail, c'est le repos. Je travaille très-peu et je n'ai encore rien entrepris de sérieux. Je suis entouré de soins vraiment maternels. Un frère infirmier me demande sans cesse si ceci ou cela ne me conviendrait pas ; le Père Recteur, le Père Ministre et même le révérend Père Provincial me questionnent souvent, et veulent savoir si rien ne me manque. En vérité, si avant peu je ne suis pas entièrement remis, la faute en sera à moi seul. Du reste ma santé continue d'aller de mieux en mieux.... »

Ce mieux ne persévéra pas, et après un séjour de six mois le Père Charles fut rappelé en France. Son départ fut un deuil pour toute la communauté de Palerme ; le Provincial, le révérend Père Fontana, ne dissimula pas la peine qu'il en avait ressentie, et parla longuement, devant les Pères réunis pour la récréation, des vertus du jeune religieux.

Le Père Dubois n'éprouva pas une moindre émotion en quittant des Pères et des Frères pour qui il avait conçu un vif attachement. Il conserva un cordial souvenir des bontés dont il n'avait cessé d'être l'objet, et lorsque, en 1860, des Siciliens exilés par la révolution traversèrent Amiens pour se rendre en Belgique et en Hollande, il s'estima heureux de pouvoir leur prodiguer toutes les prévenances d'une gracieuse hospitalité.

Le Père Charles quitta Palerme le 11 mai 1859. Avant de rentrer en France il s'arrêta quelques jours à Naples et à Rome. Une lettre nous fait connaître quelques-uns des incidents de son voyage.

« Vendredi 12 je célébrai sur le corps de saint François de Hiéronymo, dont nous faisons l'octave. Si j'étais arrivé un jour plus tôt, j'eusse célébré à son autel le jour même de sa fête.

« La Providence me servit pour une autre circonstance, à laquelle je ne m'attendais pas : j'ai pu être témoin du miracle de saint Janvier. On me fit voir et baiser la fiole, puis les prières commencèrent, et au bout de vingt-cinq minutes le sang commença à se liquéfier et à bouillonner. Je vous assure que ce n'est pas sans émotion que l'on assiste pour la première fois à un miracle.

« J'ai voulu visiter à Pagani, à six lieues de Naples, le tombeau de saint Alphonse de Liguori, dont depuis trois ans j'étudie la doctrine. Je fus parfaitement reçu par les Pères Rédemptoristes qui habitent ce lieu, et célébrai à l'autel où repose le corps du saint. Je lui demandai de m'obtenir un peu de son talent pour la direction, et les forces nécessaires, sinon pour devenir un habile prédicateur, au moins pour m'appliquer avec fruit au ministère de la confession. »

IV

De retour en France, le Père Dubois passa quelques mois à Blois et à Saint-Acheul, et au mois d'octobre suivant il fut attaché de nouveau au collége de la Providence, où malgré sa santé délicate il put rendre d'utiles services. En même temps qu'il était chargé du soin des externes et qu'il entendait les confessions des élèves, il s'occupa de trois œuvres importantes.

Un certain nombre de soldats se réunissaient dans les soirées d'hiver au collége de la Providence, et y recevaient des leçons de lecture, d'écriture, de calcul et de géographie : on en comptait parfois près d'une centaine. Une petite bibliothèque était à leur usage, et de temps en temps la distribution de quelques récompenses encourageait leur bonne volonté. Une fois par semaine ils se rendaient à la chapelle, où ils chantaient des cantiques, entendaient une instruction et recevaient la bénédiction du Saint-Sacrement. Deux Pères dirigeaient cette œuvre, et trouvaient d'excellents auxiliaires dans plusieurs anciens élèves du collége. Le Père Dubois s'y adonna avec un zèle qui fut compris et apprécié; aussi, lorsque le régiment quitta Amiens, reçut-il les témoignages de la plus cordiale reconnaissance. Plusieurs lui écrivirent des lettres simples et touchantes.

« Mon Père, disait un d'entre eux, je veux vous remercier de toutes vos bontés. Sachez que, tant que je vivrai, je me rappellerai vos sublimes avis. Je vous demande une grâce : priez afin d'obtenir que je les mette à profit, priez pour celui qui aime à se dire votre enfant. »

« Mon révérend Père, écrivait un autre, je suis heureux depuis que j'ai suivi vos conseils. Je me les rappelle tous les jours et je tâche de les mettre en pratique. Toute ma vie je vous serai reconnaissant du bien que vous m'avez fait. »

Pendant l'hiver 1860-1861 les leçons recommencèrent comme de coutume. Les soldats se présentèrent avec empressement ; on en réunit jusqu'à trois cents à certains jours : c'était environ le tiers de la garnison. Ces réunions promettaient les meilleurs résultats, lorsqu'une défiance à laquelle on s'était toujours efforcé de ne donner aucune prise, en ordonna la suppression. En vain le Général qui commandait la subdivision militaire rendit-il le témoignage le plus flatteur à cette œuvre, qu'il avait lui-même approuvée et autorisée ; en vain fit-il valoir qu'elle avait pour but de soustraire le soldat à de pernicieux entraînements ; l'ordre de cesser les réunions fut maintenu. On se ferait difficilement une idée de la doulèur que manifestèrent nos chers soldats. Les Pères et le Père Dubois en particulier, non moins peinés d'une mesure qui empêchait tant de bien, durent remplir auprès d'eux l'office de consolateur et les exhorter à la résignation.

Le Père Dubois prit une part active à une autre œuvre, bien digne aussi d'intérêt, qu'il trouva établie au collége de la Providence. Pendant le temps de la foire, avec deux de ses confrères, il se chargea de préparer à la première communion les enfants des marchands ou des artistes voyageurs qu'il trouverait en âge de la faire. Pour les découvrir, il fallait parcourir le champ de foire et aller de loge en loge, questionnant et faisant des offres de service. On profitait de cette tournée pour annoncer que, chaque dimanche, une messe serait dite dans la chapelle du collége, à une heure commode, pour les nombreux étrangers à qui leur commerce ou leur industrie laissait peu de loisirs. Ces avances réconciliaient avec la religion bien des gens que l'ignorance ou les préjugés en avaient tenus éloignés jusque-là, et si tous ne se décidaient pas à la pratique de leurs devoirs, la plupart du moins, touchés de ces bons procédés, emportaient des sentiments meilleurs et déposaient leurs préventions.

L'œuvre de prédilection du Père Dubois fut celle de la Sainte-Enfance. Dès les premières années de sa vie religieuse, il avait conçu un ardent désir de se consacrer à la conversion de la Chine, et jusqu'à la fin de sa vie il conserva, malgré sa frêle santé, l'espoir d'être envoyé dans cette mission. Dieu ne voulait pas la réalisation de ce pieux dessein : mais il arrive quelquefois qu'il inspire à ses meilleurs serviteurs des désirs dont il ne permet pas l'accomplissement, mais qui entretiennent dans leur cœur la flamme du zèle et de la charité. Le Père Dubois, voyant dans l'œuvre de la Sainte-Enfance le prélude de l'apostolat auquel il se croyait appelé, travailla avec une ardeur incroyable à la propager. On cite de lui cette parole : « Depuis que je suis prêtre, j'ai prié chaque jour à la sainte messe et de plus offert toutes mes intentions libres pour l'œuvre de la Sainte-Enfance. » Il disait encore à un Père qui partait pour la Chine : « Que j'aime les petits Chinois ! soyons unis pour en sauver le plus possible. » Ce même Père, dans une lettre écrite depuis la mort du Père Dubois, après avoir mentionné cet engagement réciproque, ajoutait : « Je regarde le Père Charles comme un protecteur spécial, et il ne se passe pas de jour que je ne lui rappelle sa promesse au saint autel. »

L'œuvre de la Sainte-Enfance existait à la Providence depuis l'ouverture du collége, et elle était en grande estime auprès des élèves. Grâce à l'influence du Père Dubois, elle prit un développement inespéré. Lui-même rendait compte de ce consolant accroissement, dans la lettre suivante, qu'il adressait au directeur de la pieuse association en 1862 : « Les détails que je suis heureux de vous transmettre, vous diront assez le nouvel essor que l'œuvre de la Sainte-Enfance a pris cette année à l'école libre de la Providence. Au retour des vacances, au mois d'octobre dernier, nos élèves montrèrent un grand empressement à reprendre leur rang dans les différentes séries ; et plusieurs, non contents de donner leur nom, firent souscrire simultanément frères, sœurs, parents, domestiques même ; de sorte que, malgré le nombre restreint de trois cent soixante élèves, celui de nos séries monta à cinquante, ce qui suppose un total de six cents associés. »

Le Père énumère ensuite les moyens divers de propagande qu'une charité ingénieuse a suggérés à quelques enfants, et dans ce récit il laisse oublier d'où l'impulsion est partie. Il ajoute : « Ces différentes industries nous permettent de vous faire parvenir une somme de mille francs qui, jointe aux cinq cents francs que nous vous avons fait remettre en janvier dernier, vous montrera l'augmentation de notre zèle. »

La lettre se termine par quelques détails sur les fêtes religieuses qui, deux fois chaque année, se célèbrent à l'intention de l'œuvre dans la chapelle de l'établissement.

C'est dans ces utiles occupations que le Père Charles consumait le peu de forces qui lui restaient. Malgré tous les ménagements dont on usait pour lui épargner la fatigue, il s'affaiblissait de plus en plus. Au mois de septembre 1862, ses supérieurs, dans la pensée que le changement d'air et la distraction lui feraient quelque bien, lui permirent de faire un voyage avec son père et deux de ses sœurs. On devait visiter une des demoiselles Dubois, qui était novice chez les Dames du Sacré-Cœur, à Kientzheim en Alsace, et de là faire le pèlerinage de Notre-Dame des ermites.

A Kientzheim, le Père, après avoir adressé une exhortation à la communauté, sur le centuple réservé à ceux qui ont tout quitté pour s'attacher uniquement au service de Dieu, eut la consolation d'entendre sa sœur lui faire part, avec une douce émotion, du bonheur qu'elle trouvait dans la vie religieuse.

Le Père Dubois a consigné dans un journal les incidents du voyage à Einsideln et les impressions qu'éprouvèrent nos quatre pèlerins. « Grande journée ! » écrit-il lorsqu'il relate l'arrivée au célèbre sanctuaire. Le journal se termine par ces mots, expression naïve de la reconnaissance et de l'amour : « Vive la bonne Mère qui m'a appelé à son sanctuaire et qui m'a ramené avec tant de bonté ! »

Les voyageurs, après avoir visité plusieurs villes de la Suisse et de l'Allemagne, arrivèrent à Aubry près Valenciennes ; là, le Père Dubois trouva ses oncles le Père Paul et le Père Léon, qu'il n'avait pas vus depuis longtemps. Les trois Pères passèrent plusieurs jours au sein de leur famille, qu'ils édifièrent par leur piété, s'édifiant eux-mêmes au spectacle des vertus dont ils étaient les témoins.

V

Après ces quelques jours de repos, le Père Charles retourna au collége d'Amiens. En même temps qu'il reprenait la surveillance des externes, il fut chargé de diriger la congrégation des plus jeunes enfants. Il accepta ces fonctions avec joie, et s'en acquitta avec une exactitude et une assiduité au-dessus de tout éloge. Mais ce travail, quelque léger qu'il fût, était au-delà de ses forces : il dut y renoncer au mois de juillet 1863. Il fut envoyé à Paris et remis entre les mains d'un médecin anglais, M. Churchill, qui a pour spécialité de traiter les maladies de poitrine, et qui venait, dans ce moment, d'opérer une cure merveilleuse. Le bon docteur témoigna à son malade un intérêt tout particulier, et quoique la maladie fut très avancée, il ne désespéra pas de le sauver. Une certaine amélioration se manifesta à la suite des premiers soins, mais elle fut de courte durée. Le Père cependant, en véritable enfant de saint Ignace, qui recommande aux religieux de sa compagnie une parfaite fidélité à suivre les prescriptions du médecin, observait toutes les ordonnances avec la plus scrupuleuse exactitude. Il lui était recommandé de garder le lit, et en même temps il devait éviter de se laisser aller au sommeil pendant le jour, afin de ne pas compromettre le repos de la nuit ; mais le sommeil le gagnait souvent, et pour se vaincre il était contraint de se faire violence : de là une lutte presque continuelle. Sa résignation à la volonté de Dieu était entière. La veille de la fête de saint Ignace, il disait à l'infirmier : « Mon frère, demandez à Notre-Seigneur, par l'intercession de saint Ignace, que je guérisse ou que je meure, comme le bon Dieu voudra. » Lorsqu'il éprouvait quelque redoublement du mal, « Cela va bien, disait-il, le ciel approche; je crois que cette fois c'est sérieux : bien, très-bien. »

Les jours qui précédèrent la Nativité de la Sainte-Vierge, il se prépara par une neuvaine à célébrer cette fête avec un soin tout particulier. Un des élèves de la Providence, alors en vacances, vint, à l'occasion de cette fête, se confesser à lui. « Mon Père, lui dit l'enfant avec une naïve simplicité, on m'a dit que l'absolution que je viens vous demander sera peut-être la dernière que vous donnerez. » Le Père entendit ces paroles sans laisser paraître le plus léger signe d'émotion.

Bientôt il dut renoncer à la consolation de célébrer les saints Mystères. Ce fut la matière d'un grand sacrifice. Pour lui en adoucir l'amertume, on le plaça dans une chambre voisine d'une petite chapelle dédiée à saint Joseph. On y disait la messe : de son lit il voyait le prêtre à l'autel et chaque jour il recevait la sainte communion.

Malgré son épuisement, il espérait pouvoir offrir le saint sacrifice le 24 septembre, fête de Notre-Dame de la Merci. Il avait fait ses préparatifs en conséquence et même placé les signets dans le missel. « J'irai jusqu'à l'offertoire, avait-il dit; si je me sens trop fatigué je n'irai pas plus loin. » Il n'attendait plus que l'autorisation du Père Ministre. Celui-ci, prié de ratifier ce pieux désir, répondit : « Vous êtes bien faible, mon bon Père ; comment pourrez-vous demeurer debout une demi-heure, lire toutes les prières, faire toutes les génuflexions? Je comprends quelle consolation ce serait pour vous, mais je n'ose vous accorder ce que vous demandez, — à moins que vous n'ayez l'inspiration que vous serez guéri : auquel cas je vous donne bien volontiers la permission que vous sollicitez. » — « Non, je n'ai point pareille inspiration, » répondit le Père, et il n'insista point.

Le 29 septembre, le malade reçut au parloir la visite de son père et de sa mère. Il leur témoigna, comme toujours, une grande satisfaction de les voir. Il est plus facile d'imaginer que de raconter ce qu'il y eut de touchant dans cette entrevue. Le Père Charles ne parlait qu'avec peine et paraissait éprouver une extrême fatigue. Invité par sa mère à écrire ce qu'il pouvait avoir de particulier à communiquer à ses parents, il traça, après les avoir quittés, les lignes suivantes, qu'il leur remit le lendemain :

« Mes chers parents, — L'entrevue de ce soir, dans ce silence forcé, a été trop pénible pour que j'omette de vous ouvrir mon cœur. — Mon état de santé, sans être absolument désespéré, donne de graves inquiétudes. Dès lors, chers parents, je vois le ciel s'ouvrir, et puis-je n'être pas dans la joie, à la pensée que j'y entrerai bientôt? Puis-je demander autre chose que de le posséder sans délai?

« En voyant un de vos enfants dans une position qui lui offre tant de secours pour se préparer à cet heureux passage, pouvez-vous ne pas bénir Dieu et ne pas vous associer à mes désirs? Si, comme je l'espère, Dieu m'appelle bientôt, il me sera facile de vous être utile dans la compagnie de Notre-Seigneur et de sa sainte Mère. Réjouissez-vous donc avec moi; ne demandez plus une santé qui retarderait mon bonheur; et si le bon Dieu m'accorde d'aller bientôt à lui, songez que notre séparation ne peut être de longue durée, et que, une fois que vous serez réunis avec vos enfants, qui formeront votre couronne, nous ne nous quitterons plus. »

Les parents du Père Charles avaient demandé qu'il leur fût permis de l'emmener à leur maison de campagne, et obtenu l'assentiment des supérieurs. Mais le Père manifesta le désir de rester et de mourir au milieu de sa famille adoptive. Il rappela ce qui s'était passé au parloir peu de jours auparavant:

« Voyez donc ce qui est arrivé, tout le monde pleurait. Si je retournais chez mes parents, la même scène se renouvellerait tous les jours. Il viendrait des parents, des amis; ils voudraient voir le malade, ne fût-ce qu'un instant : je n'aurais plus de repos. Et puis, je serais privé du bonheur d'entendre chaque jour la sainte messe, je ne pourrais communier que difficilement et rarement; qu'on cesse de me parler de ce projet. »

Le 30 septembre au soir, on lui remit le billet, pris au hasard, qui lui attribuait un patron pour le mois suivant. Il lut, avec une expression marquée de contentement, le nom de Saint Hilarion, patron des mourants, et cette pratique : La préparation à la mort; priez pour les agonisants.

A partir de ce jour il se prépara d'une manière plus particulière encore à sa dernière heure.

Il récitait fréquemment la prière suivante, empruntée à l'ouvrage qui a pour titre *La voie qui conduit au ciel :* « Mon Dieu, je suis ce pauvre misérable que vous avez créé par votre bonté paternelle, et retiré de la puissance de l'ennemi par la mort ignominieuse de votre Fils unique. Vous seul avez sur moi un pouvoir souverain et un empire absolu, et vous pouvez me sauver par votre miséricorde infinie, en laquelle j'espère et me confie. Ainsi soit-il. »

Dans le courant du mois d'octobre, il lui vint à la pensée que, pour se mieux disposer, il ferait bien de fixer un terme, comme si Dieu devait l'appeler le jour même qu'il aurait déterminé. Il choisit d'abord la fête de tous les saints, qu'il désirait célébrer dans le séjour des bienheureux, puis, cette fête passée, le 13 novembre, fête de saint Stanislas Kostka.

A mesure que la saison avançait, le malade s'affaiblissait davantage. La paix de son âme n'en était pas troublée, et le sentiment qui dominait en lui était celui d'une sainte joie. On lui entendait dire : « Le ciel approche, c'est très-bien. — Encore un pas de fait vers le ciel. — Le paradis, quel bonheur ! » Le médecin lui dit un jour qu'il n'allait pas trop mal, et qu'il ne fallait pas perdre tout espoir de guérison. Le Père en ressentit une véritable peine, qu'il exprima en se servant de cette comparaison : « Voyez une voiture qui marche avec rapidité : on espère atteindre bientôt le terme du voyage. Or voilà que tout-à-coup le cocher arrête ses chevaux et leur fait prendre une autre route ; alors la joie et l'espérance font place à la tristesse. Telle est la position où je me trouve maintenant ; je comptais arriver avant peu ; faut-il donc que mon voyage soit prolongé ? » L'apparence d'un mieux s'étant promptement évanouie, il disait quelques jours après, en reprenant sa comparaison : « Aujourd'hui je suis sans inquiétude ; la voiture marche vite et j'espère que bientôt je toucherai au terme de mon exil. » Il aimait surtout à penser qu'il serait admis dans la société de la Sainte-Vierge. Un jour on lui parlait des saints qu'il lui serait bientôt donné de voir, et on en désignait notamment plusieurs pour lesquels il avait une dévotion particulière ; il interrompit en disant : « Pourquoi ne nommez-vous pas la Sainte-Vierge avant tous les autres? »

Le 12 octobre, on jugea à propos d'administrer au Père Dubois le sacrement de l'extrême-onction, non que le danger fût imminent, mais en vue de prévenir une surprise, et aussi afin de satisfaire le désir qu'il témoignait de recevoir ce sacrement avec une pleine connaissance.

Le jour de la Toussaint, le Père Charles vit deux de ses sœurs et son frère Jules dans un petit parloir attenant à la tribune de l'église ; il rassembla ce qui lui restait de forces pour consoler une douleur qui se trahissait par des larmes. En sortant il dit : « Un jour plus tard je n'aurais pas consenti à recevoir cette visite ; je ne veux plus sortir de ma chambre que pour aller au ciel. » Une de ses sœurs écrivait le lendemain : « Nous avons trouvé le Père Charles bien affaissé, mais avec un visage toujours serein. L'amaigrissement de ses traits n'a rien qui attriste, sous le rayonnement de bonheur qui l'entoure. »

Son frère Henri resta à Paris jusqu'au jour de la mort et s'entretint encore plusieurs fois avec lui. Toute sa conversation roulait sur le ciel et sur les services qu'il pourrait rendre à sa famille. Ayant reçu une lettre d'une tante qui était alors atteinte d'une maladie des plus graves, il lui fit répondre qu'il prierait pour elle. Ses prières furent exaucées.

Dans les premiers jours de novembre il reçut, à l'occasion de la fête de saint Charles, son patron, les lettres les plus touchantes ; elles respirent toutes la foi la plus vive et la plus tendre piété ; on lui demande des prières et une dernière bénédiction ; on lui donne des commissions pour le ciel.

Le moment approchait où le Père Charles allait recevoir la récompense promise au serviteur fidèle. Le mardi 3 novembre, sa position s'aggravait de plus en plus. Dès lors on ne le quitta plus; un Père et un Frère passèrent la nuit auprès de lui. De violents accès de toux menaçaient de le suffoquer. Lorsqu'un peu de calme revenait, il disait en souriant : « Qu'il fera bon en paradis ! » Pendant les crises on lui suggérait de pieuses aspirations ; il les savourait avec délices, et le mouvement des lèvres indiquait qu'il les articulait. Il affectionnait surtout celle-ci : « Mon Jésus, faites que je vous aime de plus en plus. »—« Le paradis disait-il encore, il me semble que c'est un rêve. »—« Oh ! non, reprit le Père qui le veillait, c'est bien une réalité ; bientôt vous le possédérez pour toujours. » — « Quel bonheur ! dit le mourant, oh ! que cela arrive bientôt ! »

Le 4, vers quatre heures du matin, comme la faiblesse était extrême, on lui proposa de réciter les prières des agonisants ; il accepta avec reconnaissance. Ces saintes prières parurent lui rendre un peu de vie, de sorte que l'on crut pouvoir lui donner le saint viatique. La journée se passa sans accident. Il recevait, le sourire sur les lèvres, ceux qui venaient le visiter. Il parlait très-peu ; il manifesta cependant quelque désappointement, à la pensée que le jour de sa fête pourrait bien s'achever avant qu'il eût quitté la terre, mais il offrit son sacrifice avec résignation. Un de ses frères ayant laissé échapper cette exclamation : « Pauvre Père ! » il l'en reprit « Pourquoi parler ainsi ? lui dit-il, n'envies-tu pas plutôt mon sort ? »

Le 5, vers six heures du matin, il éprouva une crise très-violente et demanda si ce n'était pas la fin : on lui répondit négativement. A sept heures, on célébra la messe dans la chapelle voisine et il communia en viatique. Pendant la récréation de midi, il eut la visite du supérieur de la maison ; sa figure était radieuse, et un signe des yeux et de la tête exprima sa reconnaissance. Ceux qui l'approchèrent dans le cours de sa maladie, ont fait la remarque qu'on ne pouvait lui rendre un service, quelque léger qu'il fût, sans qu'il y répondît par un gracieux remercîment ; qu'il faisait à tous l'accueil le plus aimable, et qu'il ne laissa jamais paraître un moment de tristesse. Peu de jours auparavant, le médecin qui lui avait prodigué des soins, avait reçu une lettre si touchante qu'il n'avait pu en la lisant retenir ses larmes.

Vers trois heures, sentant sa dernière heure approcher, le Père Dubois fit appeler son confesseur, et demanda une nouvelle absolution. Peu de temps après, on commença les prières des agonisants ; elles n'étaient pas finies qu'il avait rendu le dernier soupir : il avait vécu 34 ans et 3 mois.

Cette fin de prédestiné produisit, au sein de la communauté, un sentiment de joie spirituelle ; on ne se lassait pas de considérer, dans les traits du cher défunt, une expression remarquable de calme et de sérénité, et cette angélique douceur qui faisait le charme de sa physionomie. Le médecin qui eut la mission officielle de constater le décès en fut singulièrement frappé.

La famille du Père Charles avait témoigné le désir que ces restes vénérés fussent transportés à Aubry, où elle réside. Le corps embaumé ayant été, à son arrivée en ce lieu, déposé dans une chapelle ardente, le père et la mère voulurent y demeurer quelque temps seuls, pour réitérer un dernier adieu et renouveler leur sacrifice.

Une foule nombreuse assista aux funérailles : elle voulait à la fois donner un témoignage de sympathie à la digne famille, et honorer par un hommage public des vertus qui ne lui étaient pas inconnues.

M. Lanne, directeur de l'école libre de Notre-Dame à Valenciennes, prononça une touchante allocution. En commençant il fit remarquer qu'une impression de paix et de consolation, répandue dans tous les cœurs, enlevait à cette cérémonie les apparences et la tristesse d'une cérémonie funèbre. Il rappela avec quelle générosité Charles, bien jeune encore, avait renoncé au monde pour se consacrer à Dieu dans la Compagnie de Jésus ; et il félicita ses excellents parents de ce que, bien éloignés de combattre son dessein, ils avaient secondé et encouragé son dévoûment. Il dit ensuite quelles vertus avaient marqué une carrière rapide et pleine, et par quelle disposition de la Providence les épreuves d'une longue maladie avaient multiplié, dans une abondante mesure, les mérites du fervent religieux.

Le lieu de la sépulture est dans la partie du cimetière la plus voisine du chœur de l'église. Un prie-Dieu a été placé près de la tombe, et il ne se passe guère de jour où des membres de la famille ou même des étrangers ne viennent s'y agenouiller, se recommandant à celui dont ils envient le bonheur.

Amiens. Typ. Lambert-Caron, imp.-lib. de Mgr l'Évêque.

BIBLIOTHÈQUE NATIONALE DE FRANCE
3 7502 01048708 2

www.ingramcontent.com/pod-product-compliance
Lightning Source LLC
LaVergne TN
LVHW010100230826
846091LV00005B/2020

* 9 7 8 2 0 1 1 7 7 7 9 8 0 *